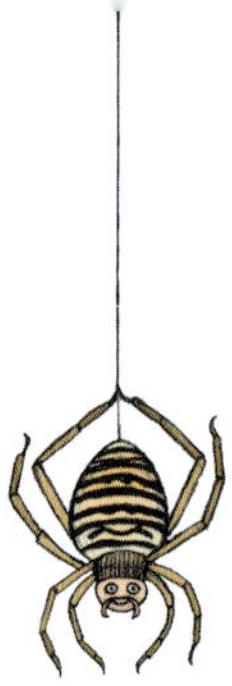

Jan Haft

MEINE WIESE

Entdecke eine wunderbare Welt

Mit Illustrationen
von claire Lenkova

PENGUIN
JUNIOR

Für meine Frau Melanie
und für alle Kinder,
die Freude an der Natur
haben, denn sie sind
die Naturschützer von
morgen

INHALT

MEINE WIESE

Ölkäfer, Maiwurm

Hallo! Ich heiße Jan. Ich mache Naturfilme fürs Fernsehen und fürs Kino. Besonders gerne filme ich Tiere in der Wiese, weil es da so herrlich bunt ist.

Als ich acht Jahre alt war, veränderte eine Maus mein Leben. In der Schule herrschte auf einmal große Aufregung, weil eine Maus auf der Jungen-Toilette herumlief. Meine Klassenkameraden fürchteten sich, aber ich fing das Tierchen ein und nahm es mit nach Hause. Dort lebte es fortan in einem kleinen Terrarium neben meinem Bett. Ich konnte es dabei beobachten, wie es Körner fraß und sich aus Moos ein Nest baute.

Da beschloss ich, für immer mit Tieren zu leben und zu arbeiten. Ich wollte Zoodirektor werden. Oder Naturforscher. Oder Tierfilmer – und so ist es dann auch gekommen. Davon, wie man Tiere filmt und welche Tricks und Kniffe man dabei benutzt, erzähle ich dir später!

Schon damals gab es nichts Schöneres für mich, als Tiere zu suchen. Auf dem Heimweg nach der Schule bin ich oft einen Feldweg entlanggelaufen, der durch Felder und bunte Blumenwiesen führte. Hier duftete es nach Heu, da standen Kühe auf der Weide, überall blühten bunte Blumen, und es gab spannende Tiere zu entdecken, vor allem bunte Käfer.

Goldlaufkäfer

Rosenkäfer

Ich hatte ein paar Lieblingskäfer, nach denen ich bei jeder Gelegenheit suchte. Den **Goldlaufkäfer** zum Beispiel. Er macht tagsüber auf dem Wiesenboden Jagd auf Würmer und Schnecken. In der Sonne glänzt er wie ein Edelstein. Jedes Mal, wenn mir so ein großer Laufkäfer über den Weg lief, bekam ich richtig Herzklopfen.
Ich träumte vor dem Einschlafen oft davon, selbst so klein zu sein wie ein Käfer und am Boden durch die Wiese zu laufen, wie durch einen Wald aus Gräsern und Kräutern.

Immer wieder fand ich neue, schöne Käfer! Zum Beispiel den blau schimmernden **Maiwurm,** der manchmal über den Feldweg kroch. Ein merkwürdiges Tier, das tatsächlich ein bisschen wie ein dicker Wurm aussieht, obwohl es ein richtiger Käfer ist.

Vor allem am Mittag, wenn die Sonne schien und es warm war, konnte ich metallisch gefärbte **Rosenkäfer** dabei beobachten, wie sie auf den Wiesenblumen Nektar tranken und Blütenstaub fraßen.

Am späten Nachmittag musste ich meine Streifzüge durch die Wiese beenden und nach Hause gehen. Ich hatte nämlich meine beiden Hühner zu versorgen! Außerdem meine Maus und die anderen Tiere, die im Garten oder in meinem Kinderzimmer lebten. Danach gab es Abendbrot und ich freute mich schon auf die nächste Expedition in die Wiese. Wenn du magst, nehme ich dich dorthin mit.

DIE STOCKWERKE DER WIESE

Eine Wiese lässt sich in mehrere, unterschiedliche Ebenen einteilen. Da gibt es richtige Stockwerke, wie in einem Haus. Also ein Unter- und ein Erdgeschoss und die Etagen darüber bis zum Dach, von dem aus man den Himmel sieht. Und dich, wenn du durch die Wiese läufst.

Jede Etage in der Wiese wird von anderen Tieren bewohnt. Hier finden sie Nahrung, dort verstecken sie sich vor ihren Feinden, anderswo sorgen sie für Nachwuchs. Jede Art hat also ihren ganz besonderen Platz in der Wiese.

Unter der Erde leben so viele winzig kleine Tiere, dass kein Wissenschaftler sie jemals zählen könnte. Kleine bunte Milben und schneeweiße Springschwänze zum Beispiel. Sie alle helfen mit, abgestorbene Pflanzen, tote Tiere, Haare, Federn, Blätter, Blüten und anderen Abfall, der auf den Wiesenboden fällt, zu Kompost zu machen. Das gibt Nahrung für die Wiesenpflanzen!

Es wühlen aber auch größere Tiere im Boden der Wiese. Die Wühlmaus hat daher ihren Namen. Auch Maulwurf, Kaninchen, Fuchs graben sich unterirdische Gänge und Höhlen.

Auf dem Wiesenboden – im Erdgeschoss – wachsen Moose und andere kleine Pflanzen. Zwischen ihnen schieben sich im Herbst knallig bunte Pilze aus dem Boden, die Saftlinge. Sie sehen aus, als wären sie aus Wachs gemacht, und es gibt sie in allen möglichen Farben: Rot, Gelb, Orange und Grün. In der Nacht gehen hier Spitzmäuse, Kröten und Blindschleichen auf die Jagd. Am Tage laufen goldgrüne Käfer und rote Ameisen herum. Zu denen werde ich später eine verrückte Geschichte erzählen!

Gelber Saftling

Sommerwiese

Brauner Waldvogel und Tagpfauenauge

Goldene Acht

Das oberste Stockwerk der Wiese ist von Licht und Wärme durchflutet. Im Schein der Sonne präsentieren die Wiesenkräuter ihre Blüten. Die sind bunt gefärbt, damit möglichst viele Insekten, zum Beispiel Schmetterlinge, Bienen oder Fliegen, auf sie aufmerksam werden. Die Insekten kommen eigentlich angeflogen, um Nektar zu trinken. Dabei transportieren sie Blütenstaub von einer Blüte zur anderen. Ein guter Trick von den Pflanzen! Denn viele Wiesenblumen können nur dann Samen bilden und sich vermehren, wenn sie von den kleinen Nektarsammlern mit dem Blütenstaub »bestäubt« werden. Diese Insekten heißen deshalb »Bestäuber«.

Die Gräser recken ihre Blüten ebenfalls hoch hinaus. Aber sie sind nicht bunt und locken auch nicht mit Nektar Bestäuber an. Gräser vertrauen lieber auf den Wind. Bei jedem Lufthauch wird ihr Blütenstaub zur Nachbarpflanze geweht.

Fliegende Insekten findet man in der Wiese aber nicht nur ganz oben, wo es bunt blüht! Unterhalb der farbenprächtigen Blüten leben sogar besonders viele Tiere.

Papageigrüner Saftling

Feuerwanze

Heuschrecken, Zikaden und viele andere Insekten krabbeln und hüpfen und springen von Stängel zu Stängel. Im Wald der Halme werden sie nicht so leicht von ihren Feinden entdeckt. Aber Gefahren lauern auch hier! Ameisen patrouillieren die Stängel auf und ab, und Spinnen bauen Netze im Grasdschungel, um die vorbeihüpfenden und fliegenden Insekten zu fangen. Jeder Wiesenbewohner weiß, wie er seinen Fressfeinden am besten aus dem Weg geht.

Viele kommen nur deswegen in dieses Zwischengeschoss, um sich auszuruhen. Wildbienen schlafen gerne dicht zusammengedrängt. Und auch viele Schmetterlinge, wie die Wiesenvögelchen, setzen sich gerne mit zusammengeklappten Flügeln mitten in der Wiese an die Halme.

Schlafende Langhornbienen

Rotbraunes Wiesenvögelchen

Marienkäfer

Hier sind sie kaum zu finden. Ich habe es trotzdem geschafft und ganz vorsichtig ein Foto von einem schlafenden Schmetterling gemacht, ohne ihn dabei aufzuwecken. Sein Name ist »Rotbraunes Wiesenvögelchen«.

Als Kind habe ich mir immer vorgestellt, wie es wohl wäre, so klein zu sein wie **ein Marienkäfer** und an einem Wiesenblumenstängel auf und ab zu laufen. Auf halber Höhe würde ich eine Pause einlegen und nach unten schauen. Ob mir da schwindelig werden würde? Ganz bestimmt! **Aber nicht dem Marienkäfer. Er ist für das Klettern gemacht.** Es erstaunt mich immer wieder, wie schnell so ein kleiner Käfer einen senkrechten Halm hinauf laufen kann. Wie macht er das?

An jedem seiner sechs Beine hat er zwei spitze Krallen. Außerdem hat der Marienkäfer ganz viele winzig kleine Haare an den Füßen. Damit kann er sich an richtig glatten Blättern und Halmen festhalten, ohne herunterzufallen. Diese Härchen funktionieren wie Tausende Minikrallen. Mit ihnen kann der Käfer sogar an einer Fensterscheibe empor klettern.

Käferbeine

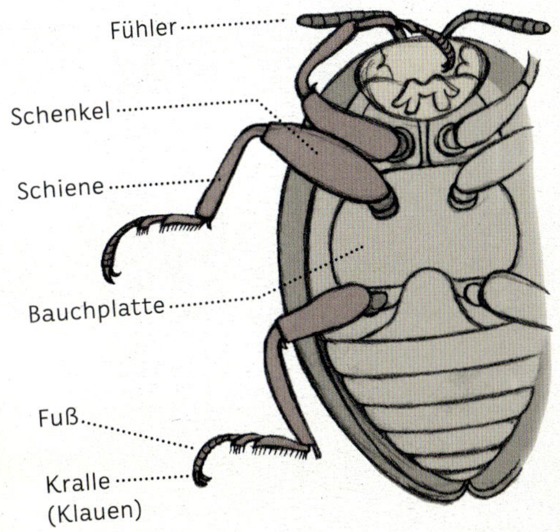

Rehkitz

Hermelin

Auch große Wiesentiere verstecken sich in dem Meer aus Gräsern und Kräutern.

Das Reh legt seinen Nachwuchs gerne in die Wiese. Das Kitz macht sich dann ganz klein, rollt sich zusammen und wartet regungslos, bis die Mutter zurückkommt. Auf diese Weise fällt es Raubtieren nicht auf.

Großer Brachvogel

Großer Brachvogel Gelege

Das Hermelin frisst am liebsten Wühlmäuse. Die Wühlmäuse leben in weitverzweigten Gängen im Wiesenboden.

Der Hase duckt sich auf den Boden der Wiese. Regungslos kann er sich ausruhen, ohne entdeckt zu werden. Mit seinen großen Augen hat er die Umgebung immer im Blick.

Manche Vögel, wie **der Brachvogel,** haben ihr Nest mit den Eiern mitten in der Wiese. Gut versteckt vor möglichen Eierdieben. Und wenn die Brachvogelküken schlüpfen, finden sie gleich viel zu fressen. Sie überleben aber nur, wenn die Wiese nicht zu früh gemäht wird!

Hase

Die Stockwerke der Wiese

Obergeschoss
Schmetterlinge, Bienen, Hummeln, Schwebfliegen

Zwischengeschoss
Heuschrecken, Ameisen, Spinnen.
Wiesenpflanzen:
Wiesenflockenblume, Rispengras, Fuchsschwanz, Wiesenklee, Wiesenstorchschnabel, Wundklee, Margerite, Rotklee, Weißklee, Schafgarbe, Wiesenglockenblume, Gänseblümchen, Löwenzahn

Erdgeschoss
Moose, Saftlinge, Spitzmäuse, Kröten, Blindschleichen, Laufkäfer, Maulwürfe, Schnecken, Kaninchen

Untergeschoss
Wühlmäuse, Maulwürfe, Regenwürmer, Schneckeneier, Engerlinge (Käferlarven)

WAS BLÜHT DENN DA?

Wir haben bereits herausgefunden, warum so viele Wiesenpflanzen bunte Blüten haben: Sie locken damit Bestäuber an.

Wenn die Insekten auf einer Blüte landen, suchen sie nach dem süß duftenden Nektar und bepudern sich mit Blütenstaub, den sie dann weiter zur nächsten Blüte transportieren. Aber warum haben die Blumen so viele verschiedene Farben?

Such dir in einer Blumenwiese einmal eine bestimmte Blüte aus und warte eine Weile. Dann kannst du beobachten, welche Insekten angeflogen kommen. Jede Pflanzenart möchte nämlich vor allem ihren Lieblings-Bestäuber anlocken. Manche haben es auf Schmetterlinge abgesehen. Andere stehen mehr auf Fliegen. Wieder andere lassen sich nur von Käfern oder Hummeln bestäuben. Nicht jedes Insekt passt zu jeder Blüte! **Damit die Insekten auf der richtigen Blüte landen, gibt es die Blütenfarben. Sie sind Signale, die sich an ganz bestimmte Bestäuber richten.**

Die Wiesenblumen haben nicht nur viele verschiedene Farben. Sie unterscheiden sich auch in ihrer Gestalt. Es gibt Doldenblüten, Tellerblüten, Kugelblüten und noch viele andere Blütenformen. So wie die unterschiedlichen Farben weisen auch die verschiedenen Formen der Blüten jeweils »ihren« Bestäubern den Weg zur süßen Belohnung, dem Nektar.

Oft besteht eine Blüte aus ganz vielen Einzelblüten. Beim **Löwenzahn** zum Beispiel. Da stehen 200 einzelne Zungenblüten ganz dicht, wie in einem Körbchen beisammen und sehen zusammen so aus wie eine einzige Blüte.

Löwenzahn

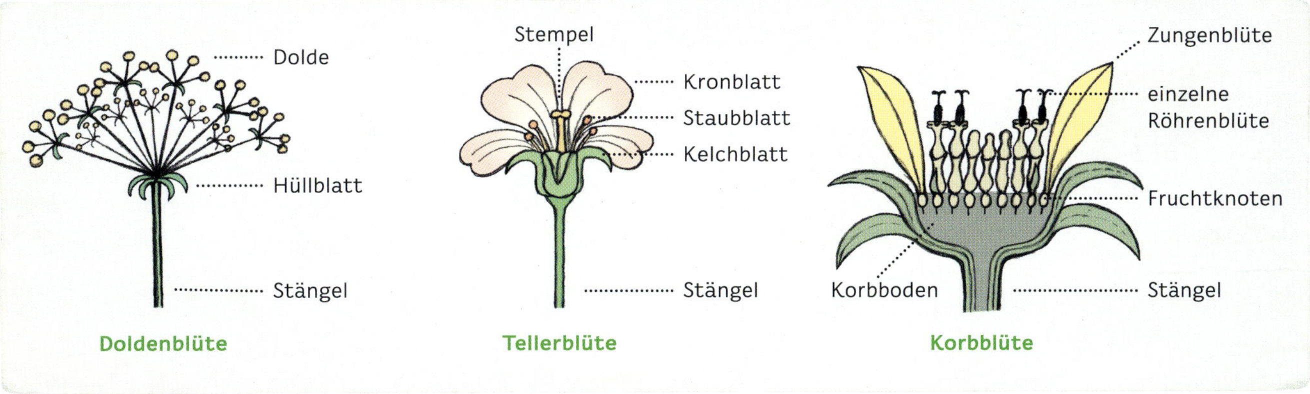

Wenn die richtigen Insekten da waren und die Bestäubung geklappt hat, entstehen bei allen Pflanzen Samen. Bei den Gräsern reifen die Samen gut sichtbar heran. Bei den bunten Wiesenblumen sind sie dagegen meist in Früchten versteckt. Die Samen dienen der Vermehrung. Wenn sie mit dem Wind, mit Tieren oder mit dem Menschen an einen neuen Ort gelangen, kann die Pflanzenart, von der die Samen stammen, auf einmal dort wachsen, wo es sie vorher noch nicht gab. Das nennt man Ausbreitung.

Schau dir mal einen halbierten Apfel an: Die Kerne in der Mitte der Frucht sind die Samen. Wenn du am Frühstückstisch sitzt, hast du vielleicht Haferflocken, Nüsse und Rosinen im Müsli. Das alles sind getrocknete Früchte, die einmal Blüten gewesen sind, die bestäubt wurden!

Alle Blüten haben also denselben Zweck. Sie dienen der Vermehrung und der Ausbreitung der Pflanzen.

Langhornbiene auf Hummelragwurz

Sandbiene auf Margerite

Fette Löwenzahnwiese

Wiesenbocksbart

Gelbe Blumen

Wo viel **Löwenzahn** wächst, ist die Wiese meist stark gedüngt. Dem Löwenzahn macht es nichts aus, wenn die Wiese häufig gemäht wird. Bienen lieben den Löwenzahn, weil er viel Nektar bietet. Wusstest du, dass der Löwenzahn essbar ist und sogar gut für unsere Verdauung ist?

Der **Wiesenbocksbart** sieht fast aus wie ein zu groß geratener Löwenzahn! Er braucht jedoch magere Wiesen. Der Samenstand des Wiesenbocksbarts ist eine riesige Pusteblume; so groß wie ein Tennisball! Er wächst nur dort, wo nicht zu viel gedüngt und nicht zu häufig gemäht wird.

Wiesenbocksbart

Beim **Wundklee** stehen mehrere Blüten in kleinen rundlichen Köpfen beisammen. So fallen sie ihren Bestäubern schneller auf. Jede einzelne Blüte ist eine lange Röhre. Nur Insekten mit langen Saugrüsseln kommen an den Nektar heran. Die **Pelzbiene** im Anflug hat den passenden Rüssel und freut sich bestimmt schon auf eine süße Mahlzeit.

Wundklee

Wiesen-Glockenblume

Wiesen-Storchschnabel

Wiesen-Salbei

Blaue Blumen

Die **Wiesen-Glockenblume** wächst gerne in Wiesen, die nicht allzu oft gemäht werden. Ihre Blüten sind bauchig und bieten im Inneren kleinen Tieren Platz.

Fast überall wo Glockenblumen wachsen, kann man eine kleine schwarze Wildbiene beobachten: **die Glockenblumen-Scherenbiene.** Sie ernährt sich ausschließlich von Nektar und Pollen der Glockenblume. Sogar zum Übernachten nutzen die kleinen Scherenbienen die Glockenblume. Im Inneren der Blüte sind sie vor Wind und Regen gut geschützt.

Der **Wiesen-Storchschnabel** hat große blaue, manchmal auch etwas rosafarbene Blüten. Seine Lieblingsbestäuber sind Bienen und Fliegen.

Der blaue **Wiesen-Salbei** wächst in trockenen Wiesen. An ihm kannst du einen spannenden Mechanismus beobachten: Kommt eine Hummel angeflogen, um Salbeinektar zu trinken, muss sie ihren Rüssel tief in die Blütenöffnung stecken, die wie ein Maul aussieht. Dabei drückt sie gegen einen Hebel, der eine Art Schlagbaum nach unten bewegt, genau auf ihren Rücken. So bekommt sie eine Portion Pollen auf den Hinterleib getupft. Bei der nächsten Blüte passiert dann dasselbe wieder und so wird der Salbei bestäubt.

Schlagbaummechanismus des Wiesensalbeis

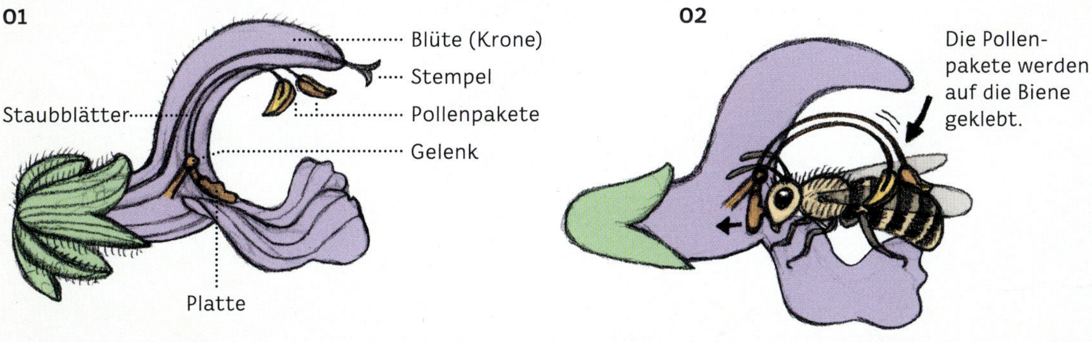

Wiesenmargerite

Giersch

Kleines Mädesüß

Weiße Blumen

Die **Margerite** ist eine unserer häufigsten und – wie ich finde – schönsten Wiesenblumen. Auch bei ihr ist die Blüte aus lauter Einzelblüten zusammengesetzt. Die winzigen gelben Röhrenblüten in der Mitte bieten Nektar und bilden später Samen. Der Kranz aus weißen Zungenblüten außen herum soll die Blume weithin sichtbar machen.

Es gibt viele verschiedene Arten von Wiesenblumen mit weißen, tellerförmigen Blütendolden. Viele von ihnen sind gar nicht so leicht voneinander zu unterscheiden! Ein häufiger Doldenblütler ist der **Giersch.** Im Garten wird er oft als lästiges Unkraut betrachtet, obwohl er in der Suppe oder im Salat lecker schmeckt. Vor allem ist er eine tolle Nektarquelle für viele Insekten, besonders für Käfer und Fliegen.

Beim **Mädesüß** sind die weißen Blüten als Traube angeordnet (natürlich nicht hängend, wie bei einer Weintraube, sondern stehend!). Es gibt bei uns das Große Mädesüß, das in Feuchtwiesen wächst, und das Kleine Mädesüß, das nur in Trockenwiesen gedeiht.

Doppelgänger

Rotklee

Wiesen-Flockenblume

Prachtnelke

Rote und rosa Blumen

Der **Rotklee** ist eine der häufigsten Blumen auf Wiesen, die nicht zu stark gedüngt werden. Bei ihm stehen wie beim **Wundklee** viele röhrenförmige Einzelblüten in einem Blütenkopf beisammen. Der Rotklee hat winzig kleine, besonders harte Samen. Wenn sie reif sind, fallen sie auf den Wiesenboden und können dort sehr lange warten, bis sie keimen – sogar 100 Jahre und noch länger.

Die **Wiesen-Flockenblume** ist eine häufige Pflanze, bei der ebenfalls ganz viele röhrenförmige Blüten dicht beieinanderstehen. Schau dir so ein rosarotes Körbchen mal genauer an! Dann siehst du, dass die einzelnen Blüten am Rand ganz anders aussehen als die in der Blütenmitte. Sie sind größer und haben eine geschlitzte Form. Ihre Aufgabe ist es wieder, den Blütenstand auffälliger zu machen, damit möglichst viele Insekten zu Besuch kommen.

Auch die Blüte der seltenen **Prachtnelke** sieht aus wie zerrissen und zerfetzt. Insektenforscher haben herausgefunden, dass Bienen und Schmetterlinge die Blüte umso schneller entdecken, je mehr sie »zerschlitzt« ist.

Acker-Witwenblume

Helm-Knabenkraut

Kartäusernelke

Die **Acker-Witwenblume** ist eine typische Bewohnerin der bunten Heuwiesen, wie es sie früher überall gab. Manchmal sieht man sie auch am Wegesrand stehen. Der Blütenstaub ist bei der Acker-Witwenblume auffällig blau-rosa gefärbt. Die **Knautien-Sandbiene** hat ihre Sammelhöschen an den Hinterbeinen ganz voll davon!

Das **Helm-Knabenkraut** ist eine Orchidee. Es wächst nur in ganz besonderen Wiesen, und zwar in solchen, die selten gemäht und nicht gedüngt werden.

Viele Orchideen sind echte Schummler! Sie locken mit bunten Blüten und süßem Duft Insekten als Bestäuber an, haben aber keinen Nektar als Belohnung parat. Hummeln und Wildbienen suchen vergeblich nach etwas Süßem, stecken ihren Kopf ins Blüteninnere und bekommen ein Pollenpaket auf den Kopf geklebt. Solche Orchideen werden daher auch »Täuschblumen« genannt. Ich finde, man könnte auch sagen: »Schummelblumen«.

Hummel-ragwurz

Fuchsschwanz

Schmalblättriges Rispengras

Fuchsschwanzwiese

Blühende Gräser

In der Wiese blühen unzählige Gräser. Aber wir übersehen ihre Blüten meist, denn den Gräsern fehlen die bunten Blütenblätter. Bei ihnen hängen die Staubgefäße mit dem Blütenstaub einfach aus dem Blütenstand heraus. Genauso wie die Stempel. Das sind die Organe, die den Blütenstaub aufnehmen sollen.

In einer einzigen Wiese wachsen oft mehr Grasarten, als du mit deinen Händen abzählen kannst. Der **Fuchsschwanz** ist ein typischer Vertreter der Gräser in bunt blühenden Heuwiesen. Er liebt feuchten Boden und wächst oft in Bach- und Flusstälern. Sein Blütenstand sieht aus wie ein Finger, oder eben (mit ein bisschen Fantasie) wie ein Fuchsschwanz.

Wie bei allen Gräsern sind seine Blüten unscheinbar grün und duften nicht. Im Mai und Juni hängen die Staubbeutel heraus, damit der Wind den Blütenstaub davontragen kann. Wenn etwas davon auf der Blüte einer Nachbarpflanze landet, ist die Bestäubung geglückt.

Es gibt noch viel mehr Arten von Gräsern und Kräutern! Wenn du die Augen offenhältst und auf die Unterschiede achtest, wirst du immer mehr verschiedene Arten kennenlernen. Es macht auch richtig Spaß, sich mit ihrer Lebensgeschichte zu beschäftigen. Warum wächst eine Pflanze nur hier, eine andere nur dort? Warum ist die eine selten, die andere sieht man überall? Wer bestäubt sie und wie erreichen sie eine andere Wiese?

Rot-Schwingel

Kohldistel

Weiches Honiggras

Die Gräser und Kräuter müssen dafür sorgen, dass sie sich ausbreiten. Pflanzen können aber nicht ihre Wurzeln aus der Erde ziehen und davonlaufen. Wie schaffen sie es dann, einen neuen Ort zu erobern?

Pflanzen reisen, solange sie noch Samen sind. Viele haben an ihren Samen kleine Schirmchen. So wie der Löwenzahn, den du bestimmt als Pusteblume kennst. Wenn du »Wind spielst« und pustest, kannst du beobachten, wie weit sich die Löwenzahnsamen tragen lassen. Sie hängen an einem Stiel unter dem kleinen Flugschirm und reisen, soweit sie der Wind eben trägt.

Auch der **Wiesenbocksbart** hat solche Flugschirmchen. Die Wiesenbocksbartsamen sind viel größer und daher schwerer als beim Löwenzahn. Deshalb ist der Flugapparat viel größer.
Es gibt noch viel mehr Pflanzen in der Wiese, die mit feinen Haarschirmchen dafür sorgen, dass der Wind ihre Samen mitnimmt. Disteln zum Beispiel, wie die grün blühende **Kohldistel**.

Der Wind verbreitet auch Samen, die keinen Flugapparat haben. Die Samen der **Glockenblume** zum Beispiel. Ihre Frucht ist eine Kapsel mit kleinen Öffnungen. Wenn der Wind den Fruchtstand hin und her beutelt, werden jedes Mal ein paar der Samen herausgeschleudert, wie aus einem Salzstreuer. Die Reise der Glockenblumensamen geht natürlich nicht sehr weit. Entsprechend langsam breitet sich die Glockenblume aus.

Wiesenbocksbart

Löwenzahn

Wiesen-Glockenblume mit Fruchtständen

Pflanzen haben noch mehr Tricks auf Lager, um zu reisen: Viele Blumen nutzen Ameisen als Transportmittel! Die Flockenblume zum Beispiel. Ebenso wie das Leimkraut, der Günsel oder der Wiesenwachtelweizen. Ihre Samen haben spezielle Anhängsel, die den Ameisen gut schmecken. Deswegen schleppen die kleinen Sechsbeiner die Pflanzensamen samt Anhängsel kreuz und quer durch die Wiese. Erst viel später in ihrem Bau knabbern sie an der nahrhaften Leckerei, sozusagen als Belohnung für den Transport! Den Samen selbst mögen die Ameisen nicht. Er wandert auf den Abfallhaufen der Ameisen. Im Ameisenkompost findet der Pflanzensamen beste Bedingungen, um zu keimen!

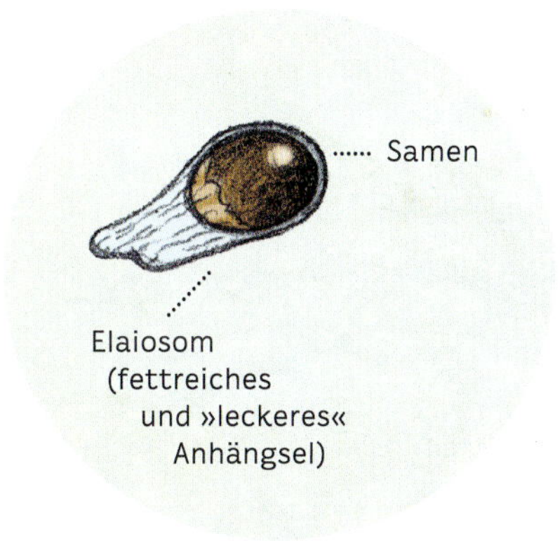

Reisende Pflanzen können für die Blumenwiese auch gefährlich sein! Aus dem nahen Wald kommen mit dem Wind geflügelte Baumsamen herbeigeflogen. Die Samen von Weide, Pappel, Linde oder Ulme beispielsweise. Wenn große Weidetiere die Bäumchen abfressen oder der Bauer die Wiese mäht, ist alles gut. Ansonsten wachsen die Bäumchen immer weiter, bis sie einen dichten Wald bilden. Dann haben die Wiesenblumen und Gräser bald nicht mehr genug Licht, und die Wiese verschwindet. Und wenn die Wiese nicht mehr da ist, haben die vielen Wiesenbewohner keinen Platz mehr zum Leben.

Weil ich die Tiere, Pflanzen und Pilze der Wiese so mag, setze ich mich für den Erhalt der bunten Blumenwiesen ein. Machst du mit?

DIE SINNE SCHÄRFEN!

Wo gibt es die nächste Blumenwiese in der Nähe deines Wohnortes?

Wenn du einmal dort bist, bleib an verschiedenen Stellen stehen, schließe die Augen und atme tief durch die Nase ein. Überlege, was du riechst. Duftet es vielleicht nach Heu oder Honig? Nach Moos oder Vanille? **Jede Wiese hat ihren eigenen Geruch.** Jede Blume riecht anders! Nicht immer gefällt uns Menschen der Duft. Die Pflanzen verströmen das Parfüm, das ihre Bestäuber besonders lockt. Hummeln und Bienen haben einen ähnlichen Geschmack wie wir, sie mögen Süßes. Deswegen duften Blüten, die von diesen »Hautflüglern« bestäubt werden, oft nach Honig. Blumen, die von Fliegen und Käfern besucht werden, riechen dagegen manchmal ziemlich merkwürdig. Oft sogar unangenehm. Die **Margerite** gehört dazu. Probier's aus!

Wenn du deine Wiese untersuchst, dann halte nach einem schönen Platz Ausschau. Am besten setzt du dich gemütlich hin und bist für eine Weile ganz ruhig. Achte auf die Geräusche und lausche dabei in alle Richtungen! Was hörst du?

Bestimmt nimmst du ein sanftes Rauschen wahr. Das kommt von den Halmen und Stängeln, die sich beim leisesten Windhauch bewegen und aneinander reiben. Dieses »Wiesenrauschen« ist besonders im Sommer und im Herbst zu hören, wenn die abgeblühten Halme trocken, braun und starr werden.

Im Frühling kannst du vielleicht ein Knistern und Knacken vernehmen. Es stammt von Insektenlarven, die im Inneren von alten Stängeln überwintert haben. Jetzt nagen sie von innen ein Loch, damit sie herausschlüpfen können.

Es ist wichtig für die Tierwelt, dass die Wiese nicht zu oft und zu gründlich gemäht wird. Sonst werden alle Insekten und ihre Larven weggeräumt, die im Inneren von Grashalmen oder Blütenstängeln den Winter über schlafen. Am besten ist es, wenn große Weidetiere die Wiese langsam abfressen.

Braunkehlchen

Feldlerche

Kleine Goldschrecke

Die meisten Geräusche in der Wiese stammen von Tieren. Je nach Jahreszeit und nach Tageszeit kannst du ganz unterschiedliche Stimmen hören.

Die Vögel singen besonders im Frühling und am Morgen. Die Männchen zeigen dadurch an, dass sie ein Brutrevier besetzt haben. Manche Wiesenvögel singen im Flug, hoch über der Wiese.

Die Wiesenbrüter sind darauf spezialisiert, ihre Nester am Wiesenboden zu bauen. Hier verstecken sie ihre Eier.

Die bekanntesten Musikanten in der Wiese sind natürlich **die Heuschrecken.** Es gibt fast 100 verschiedene Arten von ihnen bei uns. Die einen haben ganz lange Fühler, die anderen ganz kurze. Danach teilen sie Insektenforscher auch in zwei Gruppen ein: in »Kurzfühlerschrecken« und »Langfühlerschrecken«.

Feldlerche mit Nistmaterial

Graswanze

Feldgrille singt vor ihrem Baueingang

Viele Kurzfühlerschrecken singen, indem sie ihre Beine an den Flügeln reiben. Dabei ertönt ein rasselndes Zirpen. Langfühlerschrecken zwitschern meist, indem sie ihre Vorderflügel aneinander reiben. Ihre Weibchen erkennst du außerdem an der langen Legeröhre am Hinterleib. Damit bohren sie Löcher in den Wiesenboden oder in Pflanzenstängel, in die sie ihre Eier legen.

Es gibt auch Heuschrecken bei uns, die ihre Rufe auf ganz andere Weise erzeugen. Einige trommeln mit den Füßen oder ihrem Hinterleib leise auf Blätter und Zweige. Andere reiben ihre Mundwerkzeuge aneinander.

Die Sumpfschrecke hat lange schwarze Dornen an den Hinterbeinen. Beim Rufen schleudert sie ihre Beine in kurzen Abständen nach hinten weg, wobei die Dornen an den Flügeln entlangstreifen. Das macht dann »klick-klick-klick…« – eine Serie von Knipslauten.

Neben den Vögeln und Heuschrecken gibt es noch eine Menge andere Tiere in der Wiese, die Geräusche machen! Einige von ihnen sind laut, andere ziemlich leise, sodass man ganz genau darauf achten muss. Wieder andere können wir Menschen mit unseren Ohren gar nicht hören. Dazu gehört die enorme Vielfalt bunter Winzlinge: **Wanzen und Zikaden.** Einige von ihnen bringen Grashalme zum Schwingen und erzeugen Vibrationen. Andere locken mit leisen Trommelgeräuschen Partner an oder zirpen, indem sie Körperteile aneinander reiben. Wir Menschen können diese Mini-Musikanten meist nicht hören. Für uns ist ihre Musik auch nicht gedacht! Im Leben der kleinen Wiesenbewohner spielt sie dagegen eine wichtige Rolle!

Sumpfschrecke

Fuchs

Neben den leisen Winzlingen gibt es auch laute, große Tiere in der Wiese. **Rehe** »bellen«, wenn sie Gefahr wittern. **Füchse** kreischen in der Nacht, wenn sie verliebt sind. Und **Spitzmäuse** zwitschern, wenn sie in Streit geraten. Und das kommt bei Spitzmäusen ziemlich häufig vor!

Sehen, Riechen und Hören sind nicht alle Sinne, mit denen du die Natur erfahren kannst! Geh einmal an einer Wiese entlang und lass deine Hand durch die Wiesenpflanzen streifen. Die verschiedenen Gräser und Blumen fühlen sich ganz unterschiedlich an!

Aber Achtung! Es gibt auch Pflanzen, deren Berührung unangenehm ist. Brennnesseln oder stachelige Disteln können wehtun. Auch die weißen Blütenteller der Doldenblütler solltest du nicht unbedingt anfassen. Der Saft einiger Arten brennt auf der Haut.

Warum brennen oder stechen manche Wiesenpflanzen? Ganz einfach – sie wollen nicht aufgefressen werden. Als sie im Laufe der Erdgeschichte entstanden sind, mussten sich die Pflanzen gegen große Tiere wehren, die sie fressen wollten. Damals gab es Wildpferde, Auerochsen, Wasserbüffel, Elefanten und Nashörner bei uns und noch viele andere große Tiere, so wie in Afrika. Diese großen Pflanzenfresser gibt es bei uns heute nicht mehr. Höchstens glückliche Kühe und Pferde, die auf der Weide leben dürfen.

Nicht alle Gewächse wehren sich mit Stacheln oder übelschmeckenden Stoffen gegen gefräßige Mäuler. Die Gräser haben eine andere Anpassung an hungrige Weidetiere entwickelt: Wenn ein Tier an ihnen knabbert, bilden sie sofort viele neue Wurzeln, so können sie rasch wieder austreiben.

Pferd mit Fohlen

Kuh auf der Weide

Als ich ein Kind war, habe ich mich oft in eine Blumenwiese gelegt und gelauscht und beobachtet. Und auch heute, wo ich erwachsen bin, eine eigene Familie und eine Firma habe, mache ich das noch immer.

Vielleicht hast du ja Lust darauf bekommen, eigene Beobachtungen zu machen? Dann frag deine Eltern und Freunde, wo es in der Nähe eine bunte Blumenwiese gibt. Fahr hin und versuche herauszufinden, wie viele verschiedene Blumen dort wachsen. Wie viele unterschiedliche Schmetterlinge entdeckst du? Welche Vogelstimmen kannst du erkennen? Gibt es da vielleicht auch so schöne bunte Käfer wie in der Wiese, die ich als Kind so oft nach der Schule besucht habe?

Mein Tipp: Nimm ein paar Hilfsmittel mit! Zum Beispiel ein Bestimmungsbuch (oder eine Bestimmungs-App auf dem Handy), ein Fernglas, ein Döschen zum Sammeln und etwas zum Aufschreiben deiner Beobachtungen. Am besten fährst du öfter hin, mindestens einmal im Monat. Notiere, was sich seit deinem letzten Besuch verändert hat. So kannst du mit der Zeit ein richtiger Wiesenforscher oder eine Wiesenforscherin werden!

WIESEN-VÖGEL

Jedes Jahr kann ich es kaum erwarten, dass hoch über den Wiesen die Feldlerchen-Männchen singen.

Dann beginnt für mich der Frühling. Kurze Zeit später sitzen bereits die kleinen Feldlerchenküken im Nest, irgendwo im Dschungel der Halme. Sie haben Federn auf dem Kopf, die wie Heu aussehen. Damit sind sie gut getarnt. Die Feldlerche war früher in jeder Wiesenlandschaft zu Hause. Heute ist sie selten geworden. Genauso wie die bunten Blumenwiesen.

Der Große Brachvogel ist fast so groß wie ein Huhn. Mit seinem langen, gebogenen Schnabel stochert er im Wiesenboden nach Beute, vor allem nach Regenwürmern. Er brütet am liebsten in feuchten Wiesen, weil es hier kühler ist. Hitze verträgt der Brachvogel nämlich nicht gut, deswegen leidet er mehr als andere Vogelarten unter dem Klimawandel. Fast immer liegen in seinem Nest vier Eier, wie bei den meisten Vertretern der Schnepfenvögel. Einmal habe ich ein Nest gefunden, in dem nur drei Brachvogeleier lagen. Auf Seite 11 kannst du es sehen. Ich habe schnell ein Foto gemacht und mich dann gut getarnt in der Entfernung versteckt, um die Vogeleltern beim Brüten zu filmen.

Drei Tage alte Feldlerchen

Brachvogelküken

Schlüpfendes Brachvogelküken

Jedes Mal wenn ich den Schlupf eines solchen Vögelchens beobachte, kann ich es kaum glauben, wie eng zusammengerollt die Jungen sich da fast einen Monat lang im Inneren des Eis entwickeln. Und wie groß sie nach dem Schlüpfen »plötzlich« sind. Wenn die Brachvogelküken ihr Ei verlassen haben, werden sie nicht wie die kleinen Feldlerchen im Nest gefüttert. Schon nach einem Tag laufen die Brachvogelküken mit der Mutter durch die Wiese und machen Jagd auf Insekten. Dabei lernen sie, was man als kleiner Brachvogel so alles isst, und was nicht.

Die Schafstelze liebt Wiesen, auf denen Kühe grasen. Denn wo große Tiere die Wiese »mähen«, gibt es jede Menge von ihrem Lieblingsessen: Fliegen! Die Kühe scheuchen die kleinen Insekten auf – die Schafstelzen schnappen sie dann im Flug aus der Luft.

Jeder Kuhfladen ernährt eine Vogelfamilie einen ganzen Tag lang! Als es mehr Kühe auf den Weiden und mehr Kuhfladen gab, wurden viele Tiere in der Natur leichter satt. Schade, dass die meisten Kühe heute im Stall stehen müssen.

Wiesenschafstelzen

Kiebitz

Braunkehlchen

Der Kiebitz hat einen Schopf und ein Gefieder, das an einen »Frack«, einen altmodischen Herrenanzug, erinnert. Er brütet gerne in mageren Wiesen, in denen es ausreichend Nahrung gibt. Am liebsten auf großen Viehweiden, denn hier leben die meisten Insekten. Vor den großen Kühen hat der Kiebitz keine Angst. Er vertreibt sie sogar von seinem Nest, damit die Eier nicht zertreten werden.

Ich kenne eine schöne Wiese, in der gleich mehrere Kiebitzpaare brüten. Wenn im April die Schaumkresse blüht, legen sie ihre Eier. Jedes Weibchen vier Stück, wie bei Schnepfenvögeln üblich. Fast einen Monat später, wenn die Schaumkresse schon verblüht ist, schlüpfen die Kiebitzküken.

Das Braunkehlchen ist fast überall in Europa zu Hause. Aber nicht das ganze Jahr über! Braunkehlchen fliegen im Herbst nach Afrika. Sie verbringen den Winter südlich der Wüste Sahara, wo es ausreichend Insekten gibt, damit die kleinen Singvögel satt werden. Im nächsten Frühjahr fliegen sie die lange Strecke über das Mittelmeer zurück zu uns, um ihren Nachwuchs großzuziehen. Die Jungen entwickeln sich ganz schön schnell: vom frisch gelegten Ei bis zum selbstständig fliegenden Braunkehlchen in weniger als einem Monat! Leider ist das Braunkehlchen aus vielen Wiesengebieten verschwunden. Nur dort, wo in feuchten Wiesen viele Blumen blühen und dazwischen vereinzelt Stauden und Sträucher wachsen, brüten die hübschen kleinen Vögel noch.

Weißstorch
Störche sieht man oft durch Wiesen gehen, obwohl sie hier natürlich nicht brüten! Warum kommt der schwarz-weiße Schreitvogel dann hierher? Weil er in der bunten Blumenwiese satt wird. Besonders gerne frisst der Storch nämlich Heuschrecken. Er vertilgt aber auch alle anderen Kleintiere, die hier leben, sogar Schlangen. In Wiesen, die nicht zu oft gemäht und nicht mit Gülle gedüngt werden, leben besonders viele Heuschrecken. Der Storch schreitet durch die Wiese und scheucht die Insekten auf. So kann er sie leicht entdecken.

Den Graureiher könnte man beim flüchtigen Hinschauen mit einem Storch verwechseln. Dabei sieht er eigentlich ganz anders aus. Und er benimmt sich ganz anders! Im Gegensatz zum Storch fliegt der Reiher immer mit gebogenem Hals und eingezogenem Kopf. Außerdem scheucht er seine Beute nicht auf. Er steht lieber ganz still in einer Lauerstellung. Er mag auch keine Heuschrecken. Er wartet geduldig auf Mäuse und Frösche, die er dann mit seinem spitzen Schnabel packt. In naturnahen Wiesen gibt es jede Menge davon.

Weißstorch

WIESEN-INSEKTEN

Im Frühling, wenn aus der Blumenwiese vor allem die Stimmen der Wiesenvögel zu hören sind, erklingt der Ruf der Feldgrille. Keine andere Heuschrecke singt so früh im Jahr!

Dabei sitzt das Männchen vor dem Eingang seiner Wohnröhre im Boden. Mit dem Gesang versucht es ein Weibchen in seinen Tunnel zu locken. Feldgrillen sind Langfühlerschrecken, die beim Singen ihre Vorderflügel aneinander reiben. Diese haben spezielle Leisten und Kanten, die dabei das laute Zirpen erzeugen.

Roesels Beißschrecke hat ihren lustigen Namen von einem Insektenforscher, der vor langer Zeit gelebt hat und der »Roesel von Rosenhof« hieß. Sie ist eine der häufigsten heimischen Heuschrecken. Aus fast jeder Blumenwiese dringt im Sommer ihr feines, langanhaltendes Sirren. Das ist der Hochzeitsgesang des Beißschrecken-Männchens. Du kannst sie also leicht finden. Aber Vorsicht! Die Beißschrecke macht ihrem Namen alle Ehre, wenn sie gegriffen wird.

Der Heidegrashüpfer bewohnt trockene Magerwiesen. Hier wachsen die zarten Gräser, die ihm schmecken und die er für die Ablage seiner Eier nutzt. Dabei legt das Grashüpfer-Weibchen die Eier immer knapp über der Erde in die Blätter des Grasbüschels. Wenn später eine Mähmaschine

Roesels Beißschrecke

Heidegrashüpfer

Bunter Grashüpfer

Sumpfgrashüpfer

das Grasbüschel abschneidet, oder wenn ein Weidetier das Büschel abbeißt, bleiben die Grashüpfer-Eier trotzdem unversehrt und können im nächsten Jahr schlüpfen und zu einer neuen Heidegrashüpfer-Generation heranwachsen.

Die Schwertschrecke lebt in Feuchtwiesen. Sie ist eine Langfühlerschrecke. Ihren Namen hat sie von dem langen Legebohrer, den nur die Weibchen haben. Mit ihm bohren sie ein Loch in Pflanzenstängel und legen ihre Eier hinein. Wenn die Wiese gemäht und das geschnittene Gras weggefahren wird, sind die Eier verloren. Deswegen ist die Schwertschrecke aus vielen Wiesen verschwunden.

Schwertschrecken schlüpfen wie alle Heuschrecken als Miniaturausgabe ihrer Eltern. Man kann sogar schon die Flügel erkennen. Immer wieder häutet sich die Miniheuschrecke; dabei wächst sie jedes Mal ein Stückchen. Das ist eine ziemlich gefährliche Angelegenheit! Denn kurz nach dem Schlupf aus der Haut ist das Insekt noch ganz weich und deswegen eine leichte Beute für Insektenfresser.

Die Sumpfschrecke mag es richtig feucht; sie liebt es sogar, wenn ihre Wiese überschwemmt wird! Wenn du also bei einem Ausflug mit deinen Eltern eine Wiese siehst, die so nass ist, dass es überall zwischen den Gräsern glitzert, dann könnte das eine gute Wiese für die Sumpfschrecke sein! Sie legt ihre Eier in den Wiesenboden. Dort sind sie gut geschützt, wenn die Wiese gemäht oder von Kühen und Pferden beweidet wird. Aber wehe der Boden trocknet aus! Dann gehen die Sumpfschreckeneier zugrunde. Deswegen ist es schlimm für die Natur, wenn nasse Wiesen durch Gräben entwässert werden.

Der Bunte Grashüpfer ist nicht nur bunt. Er kann auch ganz unterschiedlich gefärbt sein. Es gibt Exemplare mit mehr Grün, mehr Rot oder mehr Violettanteilen im Farbkleid. Sein Gesang ist besonders aus feuchten Wiesen zu hören. Erst ein anschwellendes Surren, auf das ein paar schnelle »Tick«-Laute folgen. Das klingt fast wie ein Wecker. Beim Bunten Grashüpfer singen die Männchen mit dem Weibchen im Duett einen gemeinsamen Hochzeitsgesang.

Brauner Waldvogel

Großes Ochsenauge

Argusbläuling

Der Braune Waldvogel ist trotz seines Namens kein Wald-Vogel, sondern ein typischer Schmetterling der bunten Blumenwiesen. Wenn er auf einer Blüte landet, um Nektar zu trinken, dann klappt er sofort seine Flügel zusammen, sodass man die Flügelunterseiten sieht. Auf dem Hinterflügel hat er immer fünf Augenflecken: unten drei und oben zwei. Deswegen hat ihm ein Schmetterlingsforscher einmal den Spitznamen »Fußballfalter« gegeben. Es steht bei ihm nämlich immer »2:3«.

Auch das Ochsenauge ist ein häufiger Tagfalter, den du in fast jeder bunten Blumenwiese finden kannst. Wie beim Braunen Waldvogel ernährt sich seine Raupe von verschiedenen Gräsern. Damit sie nicht von Vögeln, die in der Wiese auf die Pirsch gehen, aufgefressen werden, verbringen die Raupen den Tag versteckt, tief unten zwischen den Graspflanzen. Erst in der Nacht, wenn die Vögel schlafen, krabbeln die Ochsenaugenraupen an den Halmen auf und ab und knabbern emsig an den Blättern der Gräser, um satt zu werden.

Wiese mit blühendem Großem Wiesenknopf

Dunkler Wiesenknopf-Ameisenbläuling: Paarung (links), Eier (oben) und Raupe (rechts)

Der Argusbläuling ist einer von vielen Bläulingen, die es auf unseren naturnahen Wiesen gibt. Seine Flügel sind strahlend blau. Dadurch kannst du ihn in einer Wiese leicht entdecken. Aber Achtung! Es gibt noch mehrere andere leuchtend blau gefärbte Bläulings-Arten. Einige sind dem Argusbläuling so ähnlich, dass auch Schmetterlingsforscher ganz genau hinschauen müssen, um die Unterschiede zu erkennen. Viele Bläulinge sonnen sich gern. Am Morgen oder nach einem Regenguss sieht man oft Bläulinge sitzen, die mit geöffneten Flügeln die Sonnenwärme einfangen.

Rote Knotenameise mit Ameisenbläulings-Raupe

Der Wiesenknopf-Ameisenbläuling hat eine ganz besondere Lebensgeschichte. Der braun-blaue Falter legt seine Eier nur auf die Blüten des Großen Wiesenknopfs. Einmal geschlüpft, frisst die kleine Raupe eine Weile im Inneren der Wiesenknopfblüte. Dann kommt sie heraus, seilt sich an einem Seidenfaden ab und lässt sich schließlich auf den Wiesenboden fallen. Dort wird sie früher oder später von gefräßigen Knotenameisen gefunden. Weil sich die Raupe mit Ameisenduft parfümiert hat, halten die Ameisen die kleine Raupe für eine ihrer eigenen Larven und schleppen sie durch die Wiese in ihren Bau unter der Erde. Dort wird die Bläulings-Raupe von den Ameisen liebevoll versorgt. In den kommenden Wochen frisst sie still und heimlich einen Teil der Ameisenbrut auf. Im nächsten Jahr schlüpft dann ein neuer Wiesenknopfameisenbläuling aus dem Ameisennest. Der muss sich nun allerdings beeilen. Als ausgewachsener Falter hat der Bläuling kein »Ameisenparfüm« mehr, um sich zu tarnen. Wenn er aus dem Ameisennest im Boden kommt, wird er meist von wütenden Ameisen attackiert.

Auch der Schachbrettfalter ist ein typischer Wiesenschmetterling, dessen Larven an verschiedenen Gräsern fressen. Er mag trockene, sonnige Wiesen, die auf magerem Boden wachsen. Seine Flügel haben ein schwarz-weißes Muster, das an das Spielbrett des Schachspiels erinnert. Daran kannst du diesen Falter leicht erkennen.

Wie alle Schmetterlinge macht der Schachbrettfalter im Laufe seines Lebens eine enorme Verwandlung durch. So, als würde er aus ganz verschiedenen Tieren bestehen. Sein Dasein beginnt als kleine weißgelbe Kugel: als Schmetterlings-Ei. Daraus schlüpft ein winziges Räupchen, das erst an der eigenen Eischale knabbert und dann am zarten Laub der Futtergräser.

Schachbrettfalter

Schon bald ist die Schachbrettfalterraupe so dick wie ein Bleistift. Ein merkwürdiges Wesen, das gar nicht wie ein Schmetterling aussieht, aber dennoch ein Schmetterling ist! Wenn die Raupe ausgewachsen ist, sucht sie sich einen Platz am Wiesenboden, um sich vollkommen zu verändern: sie verwandelt sich in eine unbewegliche Puppe.

Wie ein Schmetterling sieht sie noch immer nicht aus! In dieser Mumienform überdauert der Schachbrettfalter den ganzen Herbst und Winter. Egal, ob es warm oder kalt ist, ob es regnet oder schneit.

Im nächsten Frühjahr platzt die Haut der Puppe plötzlich auf und heraus kommt ein fertiger, schwarz-weiß gescheckter Schmetterling.

Moschusbock auf Sumpfengelwurz

Weichkäfer

Der Moschusbock liebt den Blütennektar von Engelwurz und anderen Doldenblütlern. Mit dem süßen Saft stärkt er sich, dann fliegt er wieder zurück zum Waldrand, von wo er gekommen war. Der Moschusbock kommt nur zum Nektartrinken hierher. Er lebt als Larve nicht in der Wiese, sondern in alten Weidenbäumen. Wie alle Käfer fliegt der Moschusbock mithilfe seiner langen, durchsichtigen Hinterflügel. Damit sie unter die harten Vorderflügel passen, haben sie in der Mitte ein Faltgelenk. So etwas haben im Reich der Insekten nur die Käfer!

Auch viele andere, meist kleine Bockkäfer sind darauf angewiesen, dass sie in der Wiese energiereichen Blütennektar finden.

Ihre gemeinsamen Merkmale sind der schlanke Körperbau und die langen, gebogenen Fühler, die alle Bockkäfer vor sich her tragen. Blütenböcke sind zwar klein, aber nicht weniger schön als der große Moschusbock. Schau einmal genau hin, wenn du einen weißen Blütenteller in einer Feuchtwiese findest. Versuche zu zählen, wie viele verschiedene Käfer du darauf entdeckst.

Nicht alle Käfer, die auf den ersten Blick so aussehen wie Bockkäfer, sind auch welche! **Weichkäfer** gehören zu den häufigsten Käfern in der Wiese, zumindest wenn darin Doldenblütler mit den weißen Blütentellern wachsen. Sie sind viel weicher als andere Käfer, so wie es ihr Name ja bereits andeutet. Nimm einen auf die Hand und betaste ihn. Sei dabei ganz vorsichtig, damit du das kleine Tier nicht verletzt. Wenn der Käfer in deiner Hand abfliegt, achte auf die zarten, durchsichtigen Flügel. Sie schieben sich unter den Deckflügeln hervor und entfalten sich dann, bevor der Käfer abhebt.

Trauerrosenkäfer

Bibernellen-Blütenkäfer

Der Trauerrosenkäfer ist ein echter Wiesenkäfer. Seine Larven leben im Kellergeschoss der Wiese und fressen Graswurzeln. Die erwachsenen Käfer sind im obersten Stockwerk zu Hause und fliegen von Blüte zu Blüte, um Nektar zu trinken und Blütenstaub zu fressen. Trauerrosenkäfer leben vor allem in warmen Gebieten. Bei uns waren sie immer ziemlich selten. Als ich ein Kind war, habe ich niemals einen Trauerrosenkäfer gefunden, obwohl ich immer nach Käfern Ausschau gehalten habe. Wenn ich heute in unseren Naturgarten gehe, sehe ich oft welche. Dass es heute bei uns mehr von ihnen gibt als früher, hat damit zu tun, dass sich zurzeit das Klima ändert und es wärmer wird.

Wohl jeder kennt den **Marienkäfer;** du bestimmt auch. Wusstest du aber, dass es nicht nur den einen Marienkäfer gibt, sondern viele verschiedene? Sicher hast du schon oft den Siebenpunkt-Marienkäfer gesehen. Er ist für einen Marienkäfer ziemlich groß. Viele andere Arten sind ganz unscheinbar und winzig klein, so klein wie eine Sommersprosse. Marienkäfer sehen hübsch und friedlich aus, aber sie sind gefräßige Raubtiere! Allerdings sind ihre Beutetiere winzig kleine Insekten. Am liebsten fressen Marienkäfer Blattläuse. Weil ein einziger von ihnen im Laufe seines Lebens mehrere tausend Blattläuse vertilgt, sagt man, er ist ein Nützling. Aber deswegen ist der Marienkäfer natürlich auch kein wertvollerer Wiesenbewohner als andere Tiere!

Wenn du die Augen offenhältst, entdeckst du noch viele weitere Käfer in der Wiese! Fast überall wo es üppig blüht, findet man ganz kleine, die aussehen wie Krümel oder Samenkörner. Der häufigste Winzling ist **der Bibernellen-Blütenkäfer**. Er hat eine besonders bunte Musterung, die du aber nur erkennst, wenn du ganz genau hinschaust. Am besten mit einer Lupe! Blütenkäfer-Larven leben übrigens nicht in duftenden Blumenwiesen. Sie entwickeln sich in Vogelnestern und an anderen Orten, wo es viele natürliche Abfälle gibt.

Streifenwanze

Grüne Stinkwanze

Schaumzikade

In der Wiese leben nicht nur Schmetterlinge und Käfer! Viele andere Insekten sind hier zu Hause! **Wanzen** zum Beispiel. Wanzen sind nicht sehr beliebt, weil es eine einzige Art gibt, die sich als Mini-Vampir betätigt und gerne Blut trinkt: die Bettwanze. Und die gab es früher fast überall in den Häusern der Menschen. Seit damals haben die Wanzen einen schlechten Ruf. Dabei gibt es bei uns fast tausend verschiedene Arten von Wanzen! Sie sind harmlos, farbenfroh und schön gemustert. Und sie haben eine spannende Lebensgeschichte.

Um nicht entdeckt zu werden, tarnen sich manche Wanzen als Grasblüte, wie **die Graswanze.** Andere, wie die Grüne Stinkwanze, verteidigen sich gegen Angreifer mit einem übelriechenden Sekret. Nimm so eine Wanze kurz in die Hand und schnuppere später an ihr. Nicht gerade appetitlich, stimmt's? Der Pflanzensaft aus den Gräsern und Kräutern ist die Nahrung der Wanzen. Gut getarnt sitzen die meisten von ihnen an einem Halm. Und weil sie niemand so leicht entdeckt, können sie in aller Ruhe ihren Trinkrüssel in eine Pflanze stecken und entspannt saugen.

Der Spitzling ist eine Wanze, die gerne an Grassamen saugt. Weil Getreidesorten wie Weizen oder Roggen ebenfalls Gräser sind, saugt der Spitzling auch dort. Früher gab es so viele Spitzlinge, dass sie in der Landwirtschaft, nämlich auf Getreidefeldern, als Schädlinge auftraten. Heute leben keine Spitzlinge mehr auf den Äckern, weil dort Insektenvernichtungsmittel versprüht werden. Aber vielleicht findest du ja welche in deiner Blumenwiese!

Auch dieses kleine Tier saugt Pflanzensäfte durch einen Stechrüssel, den es wie einen Strohhalm benutzt: die **Schaumzikade**. Von den Zikaden gibt es bei uns mehrere Hundert verschiedene Arten. Viele von ihnen sind noch farbenprächtiger als die Wanzen! Einige fühlen sich in der Blumenwiese wohl. Die Schaumzikade heißt so, weil sie aus lauter kleinen Bläschen ein Schaumnest

Breitstirnblasenkopffliegen

Glänzende Faulschlamm-Schwebfliege

Mistbiene

baut, in dem sie sich versteckt, solange sie jung ist. Halte Ausschau nach den kleinen Bällchen, die aussehen wie aus Spucke. Früher hat man diese übrigens »Kuckucksspucke« genannt. Erst als ausgewachsenes Tier verlässt die Schaumzikade das Schaumnest, springt von Halm zu Halm und legt Eier ab. Aus ihnen schlüpfen im nächsten Jahr winzige Schaumzikadenlarven, die dann erneut Schaumnester bauen.

Fliegen gehören zu jeder Wiese! Nicht unbedingt die schwarzen Brummer, die dich manchmal am Esstisch ärgern. Es gibt eine riesige Vielfalt an Fliegen vor unserer Haustür, die kaum jemand kennt; insgesamt mehr als zehntausend Arten. Auch viele Fliegen sind bunt und vielgestaltig und wunderschön. Man muss nur genau hinschauen.

Raupenfliegen trinken als erwachsene Fliegen Blütennektar, aber ihre »Fliegenkinder«, also die Larven, sind Raubtiere! Sie entwickeln sich im Körper anderer Insekten. Manche von ihnen fressen die Raupen von Schmetterlingen von innen auf – bei lebendigem Leibe! Aber auch das gehört zur Natur. Und zur Wiese.

Mistbienen sind keine Bienen, sondern Schwebfliegen. Sie haben ihren Namen bekommen, weil sie so aussehen wie Bienen und sich gerne in nassen Misthaufen vermehren. Sie sind also harmlose Fliegen, die sich als wehrhafte Bienen tarnen, damit Vögel und andere Fressfeinde sich nicht an sie herantrauen. Dieses »Tarnen und Täuschen« ist aber nicht das einzig Interessante an den Mistbienen. Sie gehören zu den Wanderinsekten, die wie die Zugvögel lange Wege zurücklegen. Dabei überqueren sie sogar die Alpen und fliegen bis ans Mittelmeer, wo wir Menschen gerne Urlaub machen. Hättest du gedacht, dass Insekten so weite Wanderungen machen?

WARUM WIRD EIGENTLICH HEU GEMACHT?

Vor langer Zeit, als es noch keine Menschen gab, zogen viele große Tiere über das Land, in dem wir heute leben.

Manche waren alleine unterwegs, andere in großen Herden. Sie hatten einen mächtigen Hunger! Und den stillten sie mit Gräsern, Kräutern, Blättern und Zweigen und mit jungen Baumschösslingen. Wo sie oft grasten, wuchs deswegen kein Wald.

Die Landschaft glich damals wohl einem großen Park: Wiesen, Gebüsche, einzelne Bäume und Wäldchen wechselten sich ab. Das sah bestimmt schön aus!

Junge Bäume vertragen es nicht, wenn sie abgeknabbert werden. Die Wiesenpflanzen haben dagegen kein Problem damit, wenn sie jemand abbeißt. Sie bilden dann einfach sofort viele neue Wurzeln, sammeln Kraft und treiben neu aus. Die großen Wildtiere sorgen also dafür, dass der Wald die Landschaft nicht überwuchert und den Wiesenpflanzen das Licht wegnimmt.

Als vor vielen Tausend Jahren der Mensch das Land urbar machte, verschwanden die wilden Großtiere. Doch ihre Nachfahren **– Kühe und Pferde –** lebten fortan mit dem Menschen zusammen und grasten auf den Wiesen. Im Winter kamen die Tiere in einen gemütlichen, warmen Stall. Damit die Arbeitstiere auch dann etwas zu fressen hatten, begannen die Menschen Gras zu trocknen und als Viehfutter aufzubewahren.

Heuernte auf meiner eigenen Wiese

Irgendwann wollten die Menschen nicht mehr so viel Arbeit haben und bauten Ställe, in denen das Vieh dauerhaft wohnte. Heute stehen die meisten Kühe ein Leben lang im Stall eingesperrt und bekommen nie eine Wiese zu Gesicht.

Die Bauern ernten also das Futter für das Vieh auf den Wiesen und machen es haltbar, damit es nicht verdirbt. Am einfachsten kann man Gräser und Kräuter konservieren, indem man sie in der Wärme der Sonne trocknet. Die Gräser werden so zu Heu. Heute werden die abgemähten Wiesenpflanzen auch oft in Plastikfolie eingewickelt. Bei diesem Verfahren entsteht aus den Wiesenpflanzen Silage.

Bis aus den geschnittenen Wiesenpflanzen trockenes Heu wird, dauert es mehrere Tage. Jeden Mittag kommt der Bauer mit dem Heuwender. Mit diesem Gerät fährt er über die Wiese und wirbelt die Halme durch die Luft.

Wenn sie dann herabfallen, liegen sie locker und luftig übereinander. So können sie von allen Seiten schön trocken werden.

Loses Heu nimmt viel Platz ein. Deswegen pressen die Bauern das Heu fest zusammen. Dafür gibt es besondere Maschinen, die das Heu aufnehmen und als fest verschnürte Ballen wieder auswerfen. So lässt sich das Heu leichter transportieren und einlagern.

Warzenbeißer

Damit die Wiese erhalten bleibt und um Futter für die Tiere im Stall zu ernten, muss man die Wiese also mähen. Wenn sich die Mähmaschinen nähern, kommen oft hungrige Räuber, um sich den Bauch vollzuschlagen. Denn überall springen bald Heuschrecken und Mäuse umher, die vor dem Traktor mit den scharfen Messern flüchten. Die Wiesentiere haben auf einmal ihren Lebensraum verloren. Was müssen sie jetzt tun?
Ein Reh kann schnell davonlaufen. Mäuse können in ihren Löchern im Boden verschwinden. Die Vögel können davonfliegen und andere Wiesen aufsuchen, wo sie Ruhe finden. Aber wie machen es die Winzlinge unter den Wiesenbewohnern? Die Insekten, Spinnen, Schnecken und viele andere? Schmetterlinge, manche Käfer, genauso wie Bienen, Fliegen und Zikaden haben Flügel. Sie können sich per Luftweg in Sicherheit bringen. Aber dann gibt es da noch die Wiesentiere, die nicht fliegen können, weil sie keine Flügel haben. Sie müssen »zu Fuß« von einer gemähten zu einer ungemähten Wiese laufen. Der Goldlaufkäfer zum Beispiel. Und natürlich die Roten Knotenameisen. Für sie ist es wichtig, dass nicht die gesamte Wiesenfläche auf einmal gemäht wird.
Wenn die Wiese wieder wächst, kehren die großen Tiere wie Reh und Hase zurück.
Die kleinen Wieseninsekten dagegen haben längst Eier in den Boden abgelegt, bevor sie weggeflogen und -gelaufen sind. Ihre Larven sind spätestens im nächsten Jahr wieder da, sobald die Wiese erneut grünt und blüht.

Rehkitz

Trocknendes Heu auf Wiese

Am Ende landet das Heu als Tierfutter im Stall. Im Winter fressen die Tiere also, was im Sommer davor auf der Wiese gewachsen war. Je größer die Vielfalt an Gräsern und Kräutern, desto gesünder und wohlschmeckender ist das Heu. Die Kuh verdaut es und vollbringt dabei fast ein Wunder: Sie verwandelt trockenes Gras in Fleisch und Milch. Dafür hat sie ganz viele kleine Helfer. In ihrem Bauch wohnen unzählige Bakterien, die bei der Verdauung der Pflanzenstängel helfen.

Die Vorfahren unserer Kühe im Stall waren die wilden Auerochsen. Die sind im Sommer in großen Herden über die Landschaft gewandert und haben saftige Gräser und blühende Kräuter gefressen. Im Winter mussten sie sich mit trockenen Halmen und dürren Zweigen begnügen. Ihre Nachfahren können das auch heute noch, deswegen kann man die Kühe mit trockenem Heu füttern. Nur an Zweigen und Knospen im Wald dürfen die Kühe nicht mehr knabbern, obwohl sie das bestimmt gerne machen würden.

Was können wir tun, damit es wieder mehr Wiesen gibt? Wir können zum Beispiel nur noch Milch von Kühen trinken, die auf bunten Wiesen weiden dürfen und nur im Winter im Stall stehen, wo sie dann duftendes Heu von Blumenwiesen zu fressen bekommen. Die Bäuerin und der Ladenbesitzer merken schnell, dass die Menschen diese Milch am liebsten kaufen. Und dann wird mehr von dieser natur- und klimafreundlich produzierten Milch hergestellt.

WIESE IST NICHT GLEICH WIESE

Wir haben viele Tiere, Pilze und Pflanzen kennengelernt. Wenn du sie selbst finden und vielleicht sogar fotografieren willst, musst du nach besonderen Wiesen Ausschau halten.

Denn nur auf naturnahen Viehweiden und auf Wiesen, die wenig gedüngt und selten gemäht werden, gibt es viele verschiedene Arten von Tieren und Pflanzen. Achte also auf die Grünflächen in deiner Umgebung. Viele Wiesen wachsen das ganze Jahr über einheitlich dunkelgrün und es gibt außer dem Löwenzahn nur wenige andere Blumen.

Solche Wiesen werden oft gedüngt und häufig gemäht. Besondere Wieseninsekten sucht man in ihnen vergeblich. Siehst du dagegen viele unterschiedliche Blütenfarben und Grüntöne, kannst du sicher sein, dass viele Tiere und Pflanzen in dieser Wiese leben.

Wie vielfältig eine Wiese ist, wie sie blüht, duftet und klingt, hängt nicht nur davon ab, wie sie bewirtschaftet wird. Es gibt noch viele andere Faktoren, die Einfluss darauf haben, welche Pflanzen in einer Wiese wachsen. Und die bestimmen wiederum, welche Tiere und Pilze sich hier vermehren.

Feuchtwiese Frühling

Trockenwiese im Sommer

Liegt die Wiese in einer Flussaue oder Talsenke und wird vielleicht sogar immer wieder überschwemmt, dann nennt man sie **Nass- oder Feuchtwiese.** Ihr Boden ist nie ganz trocken. Ihren Bewohnern macht das nichts aus; sie vertragen es, wenn sie manchmal im Wasser stehen. Hier wachsen viele besondere Pflanzen: Der Fuchsschwanz, die grüne Kohldistel, der Große Wiesenknopf mit seinen weinroten Blüten, die azurblaue Sibirische Schwertlilie, die gelbe Trollblume und der rosafarbene Wiesenstorchschnabel gehören dazu.

In der **Trockenwiese** wurzeln Pflanzen, die es nicht so gerne feucht mögen: Dazu zählen Glatthafer, Klappertopf, Wiesenpippau, Margerite, Wiesenflockenblume, Knäuelglockenblume, Spitzwegerich, Kartäusernelke und Schafgarbe.

Welche Pflanzen auf der Wiese wachsen, hängt auch vom Untergrund ab! Zum Beispiel ob er sehr steinig ist oder aus Lehm oder Sand besteht. Auch die chemische Zusammensetzung im Erdreich spielt eine große Rolle. Und natürlich macht es einen großen Unterschied, ob die Wiese in den Bergen liegt oder im Flachland.

Kartäusernelke

Wiesenschaumkraut

Glatthafer

Streuobstwiese

Bergwiesen liegen meist an einem Hang. Das bedeutet, dass das Regenwasser schnell abfließen kann und der Boden immer wieder »gewaschen« wird. So werden überschüssige Nährstoffe weggeschwemmt. Das kommt vielen empfindlichen Gewächsen zugute. Wenn der Berghang nach Süden zeigt, bekommt er auch besonders viel Sonnenlicht ab, das ist Lebenselixier für die Wiesenplanzen. Ein häufiges Gras in den Bergwiesen ist der Goldhafer. Teufelskralle, Bärwurz und Waldstorchschnabel sind typische Blumen.

In der **Flachland-Mähwiese** außerhalb der Bergregionen leben besonders viele Arten. Früher waren um die Dörfer und Städte alle Wiesen bunt und vielfältig. Heute gibt es hier nur noch wenige artenreiche Mähwiesen. Sie sind so selten geworden wie Viehweiden, auf denen die Kühe richtig viel Platz haben.

Auf Weiden leben besonders viele Insekten und andere Tiere. Die Weidetiere lassen nämlich immer ein paar Stängel und Grashorste stehen. Und in denen sind die Eier, Larven und Puppen vieler Wieseninsekten versteckt. Außerdem entwickeln sich in den Dunghaufen von Pferden und Kühen viele Käfer und kleine Fliegen.

Es gibt auch viele Sonderformen von Wiesen. Zum Beispiel die **Streuobstwiese,** eine Wiese, auf der verstreut Bäume stehen! Weil die Streuobstbäume oft alt und knorrig sind und Höhlen und tote Äste haben, wohnen hier auch viele sogenannte »Totholzbewohner«. Das sind Tiere, die abgestorbenes Holz zum Leben brauchen, besonders Käfer und andere Insekten. In den Baumhöhlen nisten seltene Vögel wie Wendehals und Halsbandschnäpper.

Halsbandschnäpper

Wendehals

Salzwiese

An den Meeresküsten gibt es sogenannte **Salzwiesen.** Die Pflanzen, die hier wachsen, vertragen das salzige Meerwasser, das mit der Flut manchmal auf die Wiesen schwappt. Einige Arten kommen nur hier vor, und alle haben Tricks auf Lager, um mit dem lebensfeindlichen Salz umzugehen. Die Strandaster zum Beispiel wirft alte Blätter, die voller Salz sind, einfach ab und bildet möglichst schnell neue. Der Strand-Dreizack dagegen setzt mehr auf Chemie: in seinem Pflanzenkörper hat er Stoffe, die verhindern, dass das Salz in seine Stängel überhaupt eindringen kann. Der Strand-Dreizack produziert außerdem ein übelriechendes Gift, das Pflanzenfresser davon abhält, ihn aufzufressen. Salzwiesen sind nicht sehr artenreich, aber interessant!

Man kann also die Wiesen durchaus in Kategorien einordnen. Aber: keine Wiese gleicht der anderen!
Außerdem sehen die Wiesen zu verschiedenen Jahreszeiten ganz unterschiedlich aus. Je nachdem, was gerade blüht.

Jede Wiese ist ein spannendes Forschungsobjekt. Niemand kann vorhersagen, was in ihr alles lebt.
Halte also die Augen offen, und du wirst staunen, was es da alles zu entdecken gibt. Obwohl ich schon als Kind damit begonnen habe, die Wiesen in meiner Umgebung genauer unter die Lupe zu nehmen, ist mir dabei bis heute nie langweilig geworden. Ganz im Gegenteil! Je mehr ich von den Wiesen weiß, desto spannender ist es, noch mehr zu erfahren, Neues zu entdecken und mit der Kamera festzuhalten.

EIN TAG IN DER WIESE

Ich bin ein Langschläfer und eigentlich stehe ich gar nicht gerne früh auf. Wenn es aber ein spannendes Motiv zu filmen gibt, dann lohnt es sich, noch im Dunkeln aufzustehen und sich auf den Weg zu machen.

Es ist ganz früh am Morgen. Die Luft ist kalt und die Sterne funkeln. Ich schaue aus meinem Filmversteck am Waldrand in die Richtung, in der später die Sonne aufgehen wird. Vor mir ein Meer aus Gräsern und Kräutern. Mein Blick schweift über Millionen von Blütenköpfchen. Dann regt sich etwas. Ganz leise erhebt sich eine **Rehmutter** und schleicht davon. Zuvor hat sie ihren langen Hals aus der Wiese gestreckt und mit großen Ohren und Augen alles genau beobachtet. Sie hat mich nicht gesehen! Ich sie zunächst ja auch nicht. Die Geiß ist extrem vorsichtig, will ganz sicher gehen, dass kein Raubtier sie entdeckt. Sie will ihre Kitze schützen.

Vom Waldrand her ruft schon ein **Kuckuck,** obwohl es noch dämmrig ist. Kein Mensch ist zu sehen, zu hören oder zu riechen. Auch kein Fuchs und kein Adler … Weit und breit nur Gräser und Blumen voller Tau und der Ruf des Kuckucks. Schritt für Schritt stakst die vorsichtige Rehmutter in Richtung Wald.

Die Kitze rollen sich ein und liegen regungslos in der Wiese. Nur das weiß getupfte Fell an ihren Flanken hebt und senkt sich leicht beim Atmen. Das Bett aus Gras ist richtig gemütlich! Die niedergedrückten Halme bilden eine weiche Unterlage und schützen die beiden Mini-Rehe vor der Feuchtigkeit am Boden. Und mitten in dem Meer aus Gräsern sind sie für ihre Feinde nicht zu entdecken.

Auf einmal wird der Himmel rosa und die **Goldammern** begrüßen mit ihrer scharfen Stimme die aufgehende Sonne. Eines der Kitze öffnet seine Augen. Ganz langsam steht es auf und blinzelt: Abertausende Tautropfen funkeln im Morgenlicht.

Die Wiese sieht aus, als hätte jemand eine Lastwagenladung Edelsteine über sie verstreut.

Die Kitze warten geduldig. Zwar knurren ihre Mägen und die Mutter ist bereits seit drei Stunden fort. Trotzdem rühren die beiden sich nicht von der Stelle. Sie gehorchen ihrem Instinkt, der sagt: »ruhig halten, bis die Mutter zurückkommt – ganz gleich, was passiert!« Und während die beiden zusammengerollt auf die Rehmilch zum Frühstück warten, kommt ein **Traktor** mit einem großen Mähwerk den Feldweg heraufgefahren. Wenn der Bauer jetzt die Wiese mäht, dann sind die Rehzwillinge verloren!

Die Rehgeiß steht am Waldrand und blickt in Richtung Wiese, in der ihre Kinder liegen. Und in Richtung Traktor. Ihr Herz schlägt ganz schnell. Meines auch! Die Geiß kann jetzt nichts weiter machen als abzuwarten. Der Bauer auf seiner Landmaschine hat seinerseits die Geiß entdeckt. Er weiß, dass sie ihre Jungen jedes Jahr in dieser Wiese versteckt. Nicht nur deswegen wird er sie erst Anfang Juni, also erst in ein paar Wochen, mähen. Dann haben auch die Blumen ihren Nachwuchs – die Samen – hervorgebracht.

Die kleinen Wiesenvögel sind dann längst aus ihren Bodennestern ausgeflogen, und die beiden Rehkitze werden groß und stark sein und mit der Mutter umherspazieren.

Der Traktor fährt davon. Die Rehmama kommt zurück. Die Kitze stehen auf und gehen ihr eilig ein paar Schritte entgegen. Endlich gibt es eine Portion Milch zu trinken! Mmmmh, wie das schmeckt! Die Sonne scheint und in der Wiese ist es herrlich warm. **Grillen zirpen** und überall schwirren Insekten umher.

Neben der Wiese, jenseits des Feldweges, auf dem der Bauer mit seinem Traktor angekommen und wieder weggefahren war, liegt eine **Kuhweide.** Auf ihr sind noch mehr Insekten unterwegs als auf der Wiese. Die meisten tummeln sich auf winzigen Hügeln, die auf der Weide verteilt sind: Kuhfladen! Auf ihnen wimmelt es **von bunten Fliegen und von Mistkäfern,** die mit ihrem Panzer und den Hörnern auf dem Kopf oft aussehen wie kleine Dinosaurier.

Kleine und große Vögel laufen umher und schlagen sich den Bauch voll. **Die Kiebitzmutter** weiß instinktiv, dass an so einem Dunghaufen viel für sie und ihren Nachwuchs zu holen ist, dass sie und ihre Küken hier richtig satt werden. Kleine Kiebitze brauchen viele Insekten vor dem Schnabel, damit sie rasch groß werden und fliegen können. Die Kiebitzmutter hat anscheinend keine Angst vor dem Stier, der in ihrer Nähe grast. Und weil sie keine Angst hat, haben die vier Küken auch keine.

Ich sitze in meinem Tarnversteck und beobachte mit dem Fernglas das Geschehen. Die Rehkitze vor mir schlafen wieder im hohen Gras. Die Kiebitzmutter spaziert mit ihren vier Flaumbällchen von Dunghaufen zu Dunghaufen. Fuchs und Habicht trauen sich wohl nicht so leicht in die Nähe des Stiers. »Ganz schön schlau von Frau Kiebitz!«, denke ich mir und freue mich, dass ich wieder etwas gelernt habe. Weiden, auf denen Rinder grasen, sind ein besonders toller Lebensraum für die Wiesenvögel. Irgendwann schlüpfen die kleinen Kiebitze unter die Flügel der Mutter. Zufrieden und mit einem vollen Bauch schlafen die Kiebitzchen ein. Ihre Mutter passt ja auf sie auf! Und der Stier ist auch ein Schutz. Jetzt werde auch ich etwas schläfrig, will aber noch ein oder zwei Stündchen bleiben, bis die Rehkitze wieder wach sind. Vielleicht habe ich Glück und die beiden fangen dann frisch ausgeruht an zu spielen. Das wäre ein tolles Motiv für meine Kamera. Ich mustere die Gräser und blühenden Kräuter direkt vor meinem Tarnzelt. Viel ist gerade nicht zu sehen. Ein paar **Glockenblumen** blühen. Und eine einzelne **Margerite**, auf der ein **Trauerrosenkäfer** behäbig Nektar nascht. Da springt mir auf einmal ein kugeliges Gebilde ins Auge. Im Fernglas erkenne ich den Kokon einer **Wespenspinne.**

Wespenspinne

Die Wespenspinnenmutter hat ihn bereits letztes Jahr gesponnen, als Behausung für ihre 100 gelben Wespenspinnen-Eier. Er besteht eigentlich aus zwei Kokons: Einem äußeren, in dem sich noch ein weiterer, innerer Kokon befindet. Darin ist der Spinnennachwuchs die ganze lange Zeit über gut geschützt. Die kleinen Wespenspinnen schlüpfen nämlich kurz nachdem ihre Mutter die Eier gelegt hat, und warten dann im Inneren ihres Doppelwand-Kokons ... bis zum nächsten Jahr! Erst dann verlassen sie das kugelige Gebilde und beginnen ein eigenständiges Leben.

Genau dieser Tag ist heute gekommen. Ich schaue durch mein Fernglas und beobachte, wie die ersten Mini-Wespenspinnen aus dem weiß-bräunlichen Wespenspinnenkokon schlüpfen. Was für ein Glück! Sofort richte ich meine Kamera mit dem Teleobjektiv darauf. Damit kann ich den Kokon mit den schlüpfenden Spinnen ganz nah heranzoomen, also vergrößern.

Während ich den Schlupf der Wespenspinnen filme, wird mir klar, wie wichtig es ist, dass nicht die gesamte Wiese abgemäht wird. Die Spinnenmutter hat den Doppelkokon im letzten Sommer mit kreuz und quer gesponnenen Fäden aus Spinnseide in den Wiesenpflanzen aufgehängt.

Ein Teil der Wiesenpflanzen sollte immer stehen bleiben, wenigstens am Rand. Sonst gibt es im nächsten Jahr keine Kokons, aus denen kleine Spinnen schlüpfen können. Auf der Weide nebenan gibt es stets kurz abgefressene Bereiche und solche, auf denen alte Halme und Stängel stehen bleiben. Das ist perfekt für viele Wiesenbewohner, nicht nur für die schöne Wespenspinne.

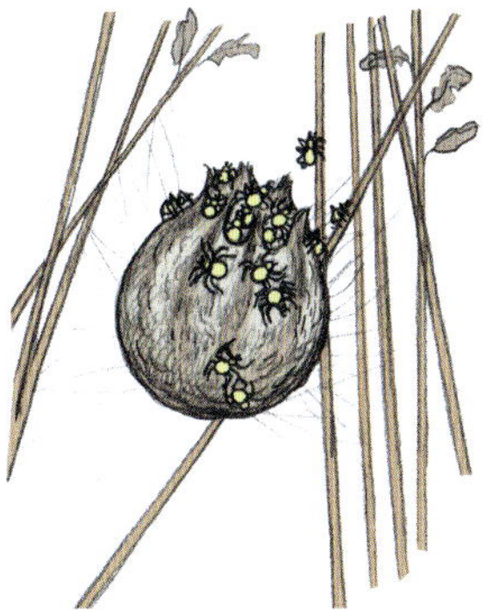

Die beiden Rehkitze schlafen noch immer. Und bei den Kiebitzen auf der Weide tut sich nichts. Ob ich jetzt heimfahre? Halt! Da vorne passiert wieder etwas. Ein kleiner Vogel hat sich in die Wiese fallen lassen. So sah es zumindest aus. Ich beobachte die Stelle eine Weile und finde bald heraus, was da vor sich geht: Eine **Feldlerchenmama** kommt alle paar Minuten angeflogen, den Schnabel voller leckerer Raupen. Sie hat ihr Nest gut versteckt, mitten in der Wiese.

Ihre Küken sind gut getarnt, sie tragen einen Federflaum auf dem Kopf, der aussieht wie trockene Grashalme. Aber sie können noch nicht wegfliegen und flüchten, etwa wenn sich die Katze oder die Elster nähert. Deswegen hat die Lerche noch einen Trick parat. Wenn sie mit Raupen kommt, um ihre Jungen zu füttern, fliegt sie nie direkt ans Nest. Sie landet immer woanders, in einiger Entfernung und läuft dann geduckt und im Gras im Zickzack zu ihren Jungen. So kann sie niemand so leicht verfolgen und das Nest finden. Es sei denn, man ist Tierfilmer und konzentriert sich und beobachtet ganz genau. So haben wir für unseren Film über die Wiese auch die Feldlerchen und ihren Nachwuchs filmen können.

Eigentlich wollte ich heute spielende Rehkitze filmen. Stattdessen habe ich Frau Kiebitz mit ihren vier Küken und schlüpfende Wespenspinnen gefilmt. Und jetzt habe ich wieder Glück! Diesmal kommt ein schönes Motiv im wahrsten Sinne des Wortes vom Himmel. In ein paar Kilometern Entfernung geht gerade ein Regenschauer nieder, aber hier bei mir scheint noch die Sonne. So entsteht ein wunderschöner Regenbogen hinter meiner Wiese, den ich zum Abschluss filmen kann. Jetzt packe ich aber lieber alles zusammen und fahre heim – sonst werde ich noch nass.

Eines weiß ich genau! Ich werde bald wieder herkommen, denn es gibt noch so viel Wunderbares zu entdecken. In einer Wiese erlebt man immer Überraschungen!

Penguin Random House Verlagsgruppe
FSC® N001967

1. Auflage 2024

Umschlaggestaltung: Katja Goller
Umschlagillustration: claire Lenkova
Umschlagfoto: Jan Haft
Bildnachweis: Salzwiese: Getty Images
(Arterra / Kontributor); Streuobstwiese:
Mauritius images / Roland T. Frank
ck · Herstellung: AJ
Satz: Manja Hellpap, typografie.berlin
Reproduktion: Lorenz+Zeller GmbH, Inning a. A.
Druck: TBB, a.s., Banská Bystrica
ISBN 978-3-328-30183-7
Printed in Slovakia

www.penguin-junior.de

Der Autor

Der Biologe **Jan Haft,** geboren 1967, ist ein vielfach ausgezeichneter Natur- und Tierfilmer, dessen Filme sowohl im Kino als auch im Fernsehen gezeigt werden. Er lebt mit seiner Frau und drei Kindern auf einem Bauernhof im Isental bei München. Sein erstes Buch »Die Wiese. Lockruf in eine geheimnisvolle Welt« erschien parallel zu seinem Kinofilm »Die Wiese – ein Paradies nebenan«, beide waren ein großer Erfolg. Eine seiner Lieblingswiesen liegt gleich neben seinem Hof.

Die Illustratorin

claire Lenkova ist Illustratorin, Comiczeichnerin, Buchgestalterin und Autorin für größere und kleinere Verlage, Zeitungen und Zeitschriften. Nach Stationen in Bayern und Hamburg lebt und arbeitet sie in Leipzig. Zeichnerische Präzision, Hintersinn und Witz kennzeichnen ihre Arbeiten, die mehrfach prämiert wurden.